살아갈 날이
더 많다는 불안감

시인의 말

매일 아침 눈을 떴을 때
살았다는 안도감과
살아야 하는 불안감에 휩싸였다

세월에 익어갈수록
더더욱 흔들리는 삶이 지겹다

그저, 의미를 알 수 없는 진동에 집중하며
떨림을 여백에 덜어내려 한다

누군가와 함께 웃고 우는,
인생을 나눌 수 있는 초대장
구겨져도 좋으니 말해주고 싶었던 이야기

들켜야만 했던 마음의 끝으로

차례

1부. 묵언의 아우성

손톱 · 14
밤 · 16
먼지 · 18
파도 · 19
가로등 · 21
물고기 · 22
모닥불 · 23
성질 · 24
자유 · 25
모습 · 27
미리보기 · 28
실종된 여름 · 29
허망 · 30
끝 · 32
생존의 불안감 · 33
추락 · 34
버려진 명왕성 · 35
우주 미아 · 37

2부. 삼켜버린 체념

비 · 42
가난 · 44
노력 · 45
낭비 · 47
기록 · 48
동정 · 49
서울 · 50
시듦 · 51
계절의 이면 · 53
구렁텅이 · 55
낚시 · 56
편지 · 58
겨울의 축제 · 60
한 여자 · 61
열병 · 64
탁구 · 65
별과 별 · 66
사랑의 끝 · 68

3부. 들키고 싶은 마음

친구 · 72

오해 · 73

완벽 · 74

소주 · 75

살아갈 날 · 77

삼 개월 · 78

시장 · 80

쉼터 · 82

여름, 수박 · 84

감성팔이 · 86

용서 · 88

온기 · 89

돈 · 90

촌스러움 · 92

이종혁 · 94

살아지는 하루가 아닌

살아가고 싶은 오늘을

만끽하길, 부디

1부. 묵언의 아우성

손톱

하늘을 바라보지 못할 만큼 힘든 날

고개를 숙여보니
건조해진 손톱이 눈에 띄었다

치열하게 살아왔는지
미세한 금이 새겨져 있고
색상은 불투명해져 보잘것없었다

입안 가득 머금어지는 상실감을
도리할 방법이 어디 있을까

손톱을 하나씩 자르며 가다듬을 뿐
빛나지 못할 그믐달이 떨어진다

고요한 침묵을 깨고 떠오르는 의심 하나

내일은 오늘보다 더 힘들 수 있을 테고
고단함도 다시 자라날 텐데
정리한다고 해서 달라질 게 있나

열 손가락 끝에 묻었던 것이
모두 다 떨어지고 나서야
의심을 잠재울 사실 하나

무한한 밤도 깎으면
잠시라도 끊어낼 수 있다는 것

고통과 아쉬움조차 없는
불투명한 손톱처럼
현재의 역경이 영원하지 않을 거란
믿음 열 개에 미소를 지었다

밤

수백 번 자책 끝에
초라해진 모습

구름 한 점 없는 밤하늘은
검은 천으로 나를 둘러 숨겨줬다

도망갈 곳이 없는 나에게
먼저 손길을 내밀어 준 세상이
고마우면서도 한탄스러웠다

지친 탓에 눈을 감고
차가운 한숨을 중얼거렸다

"오늘 밤엔 별이 없어 다행이야"

반짝거리다가 사라질 희망은
기대감을 심어주고
회의감을 피어나게 하니까

발아할 공간도 없는 삶이라
크게 두렵지 않아도
왠지 모를 서운함이 가득한 밤이었다

먼지

창문에 묻은 먼지를 쓸어내렸다

맥없이 어루만진 곳에
나만 바라볼 수 있는 작은 세상

무심코 스쳐 지나갈 사소함도
특별하게 여겨지는 순간

부정의 불순물을 닦아내니
아름다움이 있을 거란 기대

그간 바라볼 여유가 없었을 뿐
여전히 순수함이 가득한 본질

나란 사람은 먼지
현재를 쓸어내야만
과거의 찬란함이 옅게 보이는 삶

파도

일정하게 흐르는 파도가
꼴 보기 싫었다

암벽과 강하게 부딪혀
거품이 되어 사라질 텐데
윤슬을 띄며 왜 웃고 있는가

가까이 다가가
발끝에서 일렁이는 모습을 보니
울먹이는 듯한 소리가 들린다

순간 당혹스러운 마음에 이끌려
고요한 중심에 담겼다

물이 목 끝까지 차오를 때쯤 드는 생각
'같은 파동에 맞추어 시원하게 망가질까'

미끄러운 물결은 원치 않았던 건가
급히 자신의 일부를 뒤로 빼내었다

비우고 싶어도
범람하기 바쁜 자신에게
채움이란 더는 불가피한 것

나와 파도
우린 여백이 없었다

가로등

어디서 왔는지 모를 어여쁜 민들레 한 송이
사람들이 무심코 버린 쓰레기 조각들
자연스레 묻어난 세월의 흔적까지

우두커니 빛을 발산하며
집으로 돌아가는 사람들을 다독여 주는 녀석

가까워지다, 멀어지며
뒷모습에 익숙해진
초라한 외톨이에게 어색한 인사

서로의 모습을 보고
반가운 마음에 품고 있던 것을
아낌없이 건네주려는 밤

자신의 쓸모를 깨닫고
더욱 환히 밝아지는 세상
빛나는 건 언제나 어둠 속에 있다는 사실

물고기

수조에 담긴 금붕어 한 마리
갇힌 걸 아는 것인지
탈출할 공간을 찾는다

작은 물방울조차 새지 않을 만큼
견고한 통 안에서
평생을 살아야 한다는 것을 알까

꺼내주고 싶어도
다시 너를 가둬야 하는 공간은 명백하기에
아쉬운 마음을 삼키고 자리를 떠난다

아가미
숨을 쉬어 살아가는 존재에게
온전한 영역은 없다는 것을
얇은 막 사이에 남겨두고

모닥불

자신이 타들어 가는 모습을
누군가 바라보고 웃는다면
그 심정은 어떠할까

붉은색을 띠며 아픔을 나타내도
이해받지 못할 삶에 순응할 수 있으려나

점차 옅어지는 불길
체념한 듯 뿌연 연기만을 드러낸다

바람과 맞닿아 떠나가는 자유로움마저
침묵의 시간을 의미 있게 해준다

소모되어야 의미 있는 존재

공존은 누군가의 희생이 있어야만 한다

성질

미움받는 것에만 익숙한 사람은
별이 되고 싶어 합니다

묵묵히 떠다닐 뿐인데도
사람들이 애타게 찾으니까

매일 찾아오는데도
소중히 바라보니까

닿을 수 없는데도
간직하고 싶으니까

환한 빛이 아닌
사랑받는 성질을 닮길 바라니까

자유

죽은 조개를 바라보며
선명한 외관을 탐냈다

바닷물에 부식되지 않고
해변의 따스한 볕을 만끽하는 모습은
작은 바람에도 휘청이는 나와 상반된다

인간에게 자유란
죽음 뒤에 따르는 권리인가

모든 생명체가 사는 것에 몸부림치다
신이 허용한 영역에서 휘발되는 건가

지평선이 구부정하게 휘어져
물음표를 만들기 전 떠난 바다

주머니 속에 간직한 조개껍데기

고요한 것을 손에 쥐고
벗어나는 모래밭

다시 거친 아스팔트는
억압의 상징

모습

눈시울과 코끝이 붉어졌을 때
수척해진 몸이 가냘프게 떨릴 때

무표정 속에
자신을 안아달라는 모습

살아가며 자연스레 깨달은 눈치
한데 외면할 수밖에 없는 상황

서로 다른 아픔이 묻을까
묵음으로 위로할 뿐

시련은 홀로 감내해야 끝나기에

미리보기

자연스레
거리를 두고 싶은 사람

동공에서 흘러나오는 눈빛
휴대전화 필름이 깨진 선상
익숙하지 않은 퀴퀴한 향기

인간관계의 높은 장벽에서
번외 되는 인물의 몇 가지 특징은
나의 과거 흔적

당시 소중한 사람에게조차
멀리 떨어지라 소리쳤던 과오

그만 떠올리고 싶어서
다시 도망치는 바쁜 걸음

실종된 여름

과거에 두고 온
여름을 애타게 찾아본다

푸르게 반짝이는 나뭇잎은
윤슬처럼 아름답게 빛났는데

밀짚모자를 쓰고 잡았던 다슬기는
보물처럼 소중히 담았는데

오늘 같은 날이
매년 되찾아 올 거라 믿었는데
흔적조차 남기지 않고 떠나간 여름

예열되는 것에 맺히는 땀과
애열하는 지난날의 설움이 섞인
오만했던 여름은 실종

허망

볕의 일조를 감내하지 못한 벚꽃이
연분홍 색상을 빼앗기는 것처럼

사람도 품에 지니고 살아갈 수 있는
관계의 인원은 정해져 있다

마냥 자신이 사랑받길 원한다고
욕심에 눈이 멀게 된다면
자연마저 거역할 수 없는 순리의 대가를
지독하게 당해내야만 한다

하물며 떠나간다는 불안한 마음을
잠재울 도리도 불투명하기에
언제나 마지막을 기약하다가 무너진다

타인에게 헌신하며
질긴 관계를 연명하려는 자여

뚝 끊어지고 떨어질 것은 끄나풀이지
홀로 남은 슬픔을 형용할 명목은 없다

유종의 미(有終-美)
끝난 인연에 미소질 수 있는 사연은
허망이다

끝

죽음을 선택할 수 있다는 사실에
환히 웃었습니다

짊어지지 않고
모든 걸 내던질 수 있다는
무책임함이 달콤하게 느껴졌습니다

두려움보단 상쾌함이
앞설 것 같던 순간
남겨진 사람들의 형상이 떠오르며
유일한 선택지를 훼방합니다

벼랑 끝에서 무슨 소용이냐며 분노하지만
몰래 주저앉으며 안심합니다

생존의 불안감

비가 온 뒤
해맑게 피어나는 무지개의
알록달록한 채도가 못 미덥네

눅눅하고 습했던 회색빛 세상은 길고,
잠시의 반짝임은 턱없이 짧잖아

갈수록 내 삶과 닮은 것을 혐오해
밀어내지 않으면 서로를 껴안고
깊은 밑바닥으로 추락할까 봐

슬픔을 가늠할 수 없는 사람에게 생존은
행복마저 불안하게 여기며
한평생 스스로를 갉아먹는 과정일 뿐이더라

추락

사람 한 명 없어져도
지구는 아무렇지 않게 돌아간다는 말은
거짓말

감나무에 매달려 있던
땡감조차 떨어지면
-툭 소리가 나는데

유년 시절을 함께 했던 놀이터마저
없어질 때 상실감에 휩싸였는데

나라고
세상을 흔들지 못할까

어떠한 형태의 충격이든
상처를 입힐 수 있다는 사실에
감히 살아보려 한다

버려진 명왕성

태양계에서 방출되었다는 소식을 들었어

천문학적 정의와 엇갈려
수십 년의 언약이 한순간에 깨졌다면서

무한한 공간 속에 담긴
너를 사랑했기에 아쉬웠어

어디에도 존속되지 않은 오늘날이
괜찮냐고 묻고 싶어

소리낼 수 없다는 것을 알지만
작은 소음을 애타게 기다리는 것도 괜찮아
회신이 돌아올 날까지 살아갈 이유가 될 테니까

나의 평범하지 않은 모습을 보며
타인이 따갑게 쏘는 시선도 괜찮아
여린 살갗에 굳어진 흉터가 생겼으니까

나는 어떠한 행성도 아닌
그저 작은 별에 담긴 먼지일 뿐인데
끊이지 않는 고통을 감내해야 하나
이 마음까진 잠재울 수 없어

너의 투정이 들키지 않은 것처럼
깊이를 알 수 없는 감정의 늪에 담겼는데
편안하지 않고 더 답답해지네

두서가 길었다, 그렇지
오래간 꺼내지 못했던 이야기를
더 이상을 참을 수 없었던 거라 믿어줘

다시 돌아올게
그땐 혼자가 아닌 둘이 찾아와서
너에게도 소개해줄게

고마워 나의 우주에 공존해서
세상에 불필요한 건 없더라고
서로가 그런 존재라 믿어줄 테니까

우주 미아

몸과 영혼이 붕 뜬 채
걷지 못할 지구를 아쉬움 없이 떠난다

뭉게구름 속을 파헤쳐
처음 마주하게 된 건
인간이 버린 고철 쓰레기였다

그만 마주하려 했던 존재의
부산물을 보게 된 것이 찝찝했다

조금 더 올라가
화면에서만 보던 반가운 행성을 향해
수줍은 인사를 건네본다

더욱 거리가 멀어졌을 때
누비는 곳마다 모든 게 새롭고
어색함이 묻어나는 시간의 연속이었다

얼마큼 유영했을까
도망칠 데를 찾아 나선 우주도
지구와 별반 다르지 않다는 비밀을 깨닫고
혼돈되는 마음에 뒤를 돌아보니
보이지 않는 옛 나의 별

손짓해도 알아채 주지 않을 테니
수취인불명의 메시지로 남긴다

사람으로 힘들었는데
사람이 없는 것에도 힘들어하는 내게
사람이란 무엇이었을까

궁금할 자격도
필요도 없는
우주 미아

아무도 찾지 않아서
찾을 수 없어서
붙은 마지막 별명

2부. 삼켜버린 체념

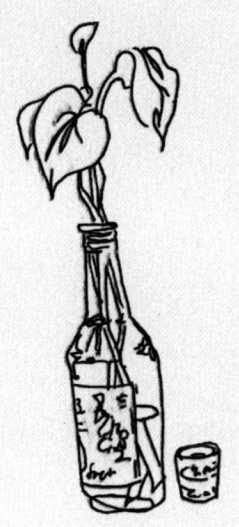

비

하늘이 서러운 마음을 못 이겨
빗물을 억수같이 쏟아냅니다

우산을 펼쳐 막아보려 해도
바지 밑단을 살피니
지면과 맞닿은 물방울이
그새 달라붙어 스며듭니다

한낱 인간이
하늘의 설움을 어찌 부정하려 했을까
고개를 다시 푹 숙인 채 나도 흘려봅니다

뒤섞인 물방울들은
누구의 것인지 알 수 없을 만큼
온전한 하나의 형태가 됩니다

소리 없이도 함께할 수 있는 희망
회색 뭉게구름이 가시고 떠오를 기회
다시 건조해질 감정이 밉진 않습니다

가난

허기를 채울 수 없었던 때
밖을 돌아다닌다는 건 사치였습니다

인위적인 빛을 뽐내는 곳은
배고픔을 자극하는 냄새로 가득했으며

걷고 있는 사람들의 배는 그득해 보이니
마음마저 쓰릴까 숨었습니다

조여오는 고통은 감내할 수 있지만
홀로 비참함을 연신 삼키는 추태까진
막지 못했던 시절

가난과 간절함 사이에서 울부짖고
헛된 희망이라도 삼키며
겨우 버틸 수 있던 청춘은
현재의 양분이었습니다

노력

남들의 눈에 띄며
존경받는 삶은 원치도 않았습니다
그저 평범함에 가까워지려 한 사람입니다

한데 세상이 내게 바라는 건
바다가 체할 만큼 넘칩니다

끝없이 펼쳐진 지평선 따라
항해해 온 나의 삶은 무엇입니까

닿을 수 없는 것에 욕심을 냈다면
삶의 목적을 어디에 두란 것입니까

다른 이였어도
정답에 회신하지 않았을 겁니까

속았지만, 다시 한번 믿은 채
닻을 올리고 나아갑니다

정녕, 무너진다 한들
난파될 것조차 없는 몸이기에
부서짐이 더는 두렵지 않습니다

낭비

청춘을 아끼는 것만큼
낭만도 사라지게 된다

젊음마저 시간이 훔쳐가기에
낭비도 때에 따라 필요하다

가장 적합한 시기는 언제인가
무언가를 책임지지 않을 때
여유롭게 살아갈 수 있을 때

아니다

어설프더라도 넘어지고 싶을 때
혼자서도 외로움에 사무치지 않을 때
매 순간이 기회이고 변화될 결말이다

기록

웃음 지을 수 있던 것은
미소처럼 길게

아픔에 절여졌던 것은
흉터처럼 짧게

널브러져 있던 순간을
알맞게 조합해봅니다

가지각색의 모양을 버리지 않고
남겨두려 한 사유는 명백합니다

기록의 속성 중
들키고 싶은 마음 하나 때문이죠

누군가 지독한 나의 삶을 들추어
함께 웃고 슬퍼한다면
편히 놓아줄 수 있을 테니까

동정

불쌍하리만큼 가엽더라도
친절은 사양합니다

당신의 시선과 손길이
나를 살릴 때도 있겠지요

다만, 열이 채 가시지 않은 의지를
자의도 아닌 타의가 식히는 것은
삶의 명분마저 사라지게 합니다

마음만 받되
부디 살펴 가시길

더 열악한 환경에 놓인
이들에게 나눠주시길

서울

맥없이 지하철을 타는 사람들

고개를 숙여 작은 화면에 집중하고
묶음마저 외롭게 느낀 것인지 노래를 들으며
자신만의 세상에 몰두하려는 모습

회색빛,
여유가 없어 흩어진 색상
자신이 없어 놓고 내린 희망
그것을 다시 줍기엔 빠르게 떠난 열차

여긴 서울,
성장과 실패를 한번에 흡수한 도시
어디로도 기울지 못한 마음들

시듦

가을에 시든 낙엽아
허망함을 품고 떨어진 거니

겨울의 추위를 견디지 못할 것을
미리 알고 있음에 포기한 거니

푸르름을 가득 머금고 있던 시절이
그립진 않니

속상한 표정을 지은 내게
생의 마지막까지 괜찮다며
살랑거리는 어른의 모습이 안타까워

잎사귀 주름에 맺힌
물방울이 어린아이를 닮아 야속하기도 해

어른과 아이라는 경계 사이에서
체념하다 사라지는 게 시듦이라니

잔혹하지만
평온히 늘어진 마지막 모습에
따뜻한 손길로 너를 보내

다시 만날 봄에
곱게 피어나길 바라는 마음으로

계절의 이면

피어나는 꽃 옆엔
메말라지는 꽃도 있어

스스로 자처한 것보단
척박한 환경에 놓여 사무친 거지

계절마저 공평하지 않은 것처럼
세상은 누구에게나 따스하진 않아

이 사실을 알고도
살아갈 이유를 찾기란 어려워

갈피를 못 잡고 방황하다 보면
우연히 선택이란 자유를 발견하고 기뻐하지만
모든 만물에 불순물이 있듯
씁쓸한 사연이 숨었을 수도 있지

올바르게 이어갈 수도
잘못된 방법으로 끝낼 수도 있는 게
단 한 번의 기회이자 삶이니까

가벼우면서도 무겁게 느껴지는
이면적인 지구의 차원 속에서
사라지지 않는다는 것도 기적이니
의미를 부여할 것에 집착하지 않아도 돼

다시 선택이야
그대로의 본연을 사랑하거나
영원히 허공 속에 빠져 찾거나

구렁텅이

생애 가장 아름다웠던 과거를 집착하면
다가오지 않은 미래는 두렵기만 하지

쌓인 먼지를 닦아낸다 해도
오래된 사진이 누렇게 변색 되듯
지나간 것은 지나간 대로 두는 게 전부라네

마음 편히 웃을 수 있는 순간이
적어진다는 것을 몰랐을 테니
그리운 것은 막을 수 없다만

상반된 현재를 후회하면
안 된다는 것을 잊지 말게

이 순간조차 되돌아가고 싶은
과거의 일부로 남을 수도 있으니
번잡해진 구렁텅이에 여백을 소중히 다루게

낚시

물고기 한 마리를 낚기 위해
지렁이 두 마리를 강가에 빠뜨렸다

희생의 대가였을까,
손맛이 크게 울리며
회색빛 비늘을 지닌 물고기를 건졌다

불빛으로 비추어 본 녀석은 강준치
가시가 많아 고양이도 먹지 않는 것을
과감하게 놓아주었다

이처럼 우리의 삶과
낚시는 크게 다르지 않은 것

미끼는 도전
고독함의 사투는 노력
강준치는 실패

계속해서 인내에 머물며
성공을 바라다가

새벽이 저물었다면
후회를 놓고

빈 통이 아쉬워도
그리움을 두고

다음을 기약하며 살아가기를 반복하는 과정

편지

미세한 떨림과
손금에 맺히는 땀으로
투박해진 글씨

몇 장의 종이를 구기고 버렸는지
책상 한편에 쌓인 진심은
내 마음도 모른 채
해맑게 미소 지으며 움츠리고 있네

단지 검은 선과 흰 여백의 조화일 뿐인데
전하는 이도, 받는 이도
행복해질 수 있는 유일함

근대에 수백 년이 지나도
현재까지 이어지고 있는
표현의 신비함

말로 다 전하지 못한 감정을
소리 없이도 생생하게 전할
편지 한 통

한 사람을 위해 기록한다는 건
이토록 고운 낭만과 사랑

겨울의 축제

회색빛 하늘에서 떨어진 눈의 결정들
겹겹이 소나무에 가라앉아
예쁜 드레스가 된 날

한결같던 푸른색이 감춰져도
어여쁜 모습을 환영받고

붉은 장미 대신
옆에 있던 동백꽃이 활짝 피어
더욱 멋스러운 결혼식

봄이 다가와 걸쳐진 것들이
모두 녹아내린다고 해도 아쉬워하지 않네

오늘 같은 날이 영원하지 않다는 것도
다시 찾아올 날이 분명하다는 것도
사계를 지킨 소나무는 알고 있기에

한 여자

궤도를 벗어난 행성은
평생을 불균형하게 떠다닌다

지구에도 그런 사람이 있었다
어느 기준에도 성립되지 않아
안정감 없이 하루만 겨우 버티던 남자

동태 같은 눈빛에
공허함이 가득한 가을을 유독 좋아하며
사람이 없는 거리만 찾는 그림자
검은 잔상이라 붙잡히지도 않는 고집불통

우연히 마주한 인연으로
변화하지 않을 것 같던 모습에 균열이 생겼다

사랑이란 감정인지도 모른 채 지내다
들었던 얘기를 다시 꺼내놓아도
웃고 있는 모습은 변화의 시발점이었다

서툴렀던 감정이 점차 명확해지니
설렘보단 두려움이 더 크게 느껴졌다

아무것도 없이 살아왔기에
지닌 거라곤 닳지 않은 노력이 전부였으니까

세상과 단절했던 만큼
앞으로의 삶이 버거울 거란
두려움에 떨고 있을 때

진정되지 않는 손을 잡아주며
따듯하게 응원을 건네는 그녀

난생처음으로 누군가
나를 믿어준다는 것에 대해 보답하고 싶었다

놓고 있던 펜을 다시 쥐며
남들보다 뒤늦게 경쟁에 담기고,
좋아하던 이야기도 썼을 뿐인데
어엿한 청년이 거울 앞에 홀로 서 있다

그녀를 첫사랑이라는 핑계로
이뤄지지 않은 사랑에 아쉬워하지 않는다

보잘것없던 사람을
반짝이는 행성으로 보듬어 준 사람

여전히 평범한 궤도에는 없지만
스스로 만들어 간 길로
특별하게 살아가는 사람

유한한 공간 속
다시 만날 날에는 꼭 전하고 싶은 말,

'네가 내 첫사랑이라 고마워'

열병

무더운 여름을 앓듯,
뜨거운 사랑에 취했었다

지독한 감기인 줄도 모르고
한 사람을 위해 살아갔던 날

그늘 한 점 없어도
주저앉고 싶지 않던
그해 여름

기어코 시들
가을도 잊은 채
사랑하기 바빴던 시절

탁구

가벼운 입김에도 날아가는 공은 '진심'
우리 앞에 놓인 테이블은 '사랑'

서로에게 온전한 방향으로 전해주고 싶지만
자꾸만 어긋나는 바람에 속상한 '인연'
점차 괜찮아질 거라 말하며 건넨 '믿음'

그러나 다시 떨어진 공을 줍기 위해
허리를 숙였다가 폈을 때 사라진 '너'
애처로운 모습으로 주위를 살피는 '나'

기다려도 다가오지 않기에
수긍해야 하는 '이별'

보이지 않던 승부의 패자는
남겨진 사람이었다는 걸

별과 별

모든 관계의 끝은 헤어짐이다

이별이 발현될 것을 알고 있음에도
혈류에 맺히는 사랑에 안도하며
두려움을 잠재우곤 한다

사계를 함께하는 과정에서
단단하게 굳어가는 형태의 감정은
하나의 별처럼 반짝여
사랑은 밤하늘을 연상시킨다

다만, 둘 중 한 사람의 채도가 낮아져
흑막과 같은 어둠에 사로잡힐 때도 있다

만약 방향마저 제대로 잡지 못하면
커지려 하는 의심에 신뢰가 무너지기도 한다

믿지 못할 사이에서는
생채기가 오고 가는 말로 인해
회복할 수 없는 흉이 새겨진다

지친 별들은 강한 마찰로 부딪혀
산산조각이 난 뒤에야
흩어지는 추억을 보며 후회한다

밤하늘이 아름다울 수 있었던 건
행복의 파편이 널브러져서 웃고
슬픔의 부스러기가 유영해서 울고
멀지 않게, 가까이 있는 듯해서다

사랑의 끝

한때 가장 사랑했던 사람과의 인연을
후회하지 않기

미운 감정을 쏟아내기보단
서로에 대한 격려를 아낌없이 건네기

더 좋은 사람이 다가와
행복해질 모습을 응원하기

그리워 말고 좋은 추억으로 남기며
이젠 홀로 서게 될 자신을 돌보기

… 3부. 들키고 싶은 마음

친구

강가의 물줄기는 한 곳으로 흐르다가
예기치 못한 곳에서 흩어지기 마련이다

붙잡을 새도 없이
떠밀려 오는 것에 뒤섞여
다시 만날 날만 급하게 기약하고 헤어진다

함께했던 것이 사라지면
비워진 여백만큼 공허하지만
그새 차오르는 수많은 운명으로
자신의 삶을 재정비하기 가쁘다

친구란 존재도 마찬가지다
종착역이 비슷해서 잠시 함께한 거지
인연이란 늘 떠날 채비가 되어 있다

가끔 떠오르는 회상도 그리운 게 전부이니
자연스레 이별보다 만남이 더 두려울 때가 있더라

오해

불행은 추억이 될 수 없어
예쁜 포장지로 덮어보려 해도
안에서 점점 더 부패할 뿐이야

나는 남들과 다르다며
시간이 지나서 괜찮아질 거라며
괜한 오해를 사지 말라는 거지

본질의 성질마저
한 개인이 고치기란 불가능해

마음을 다잡은 대로
모든 게 이루어졌다면
우린 불행이란 감정도 못 느꼈을 테니까

완벽

사람은 완벽함을 위해 살고 죽습니다

누군가 임의로 정한 확률을 올리고자
삶의 일부를 헌신하고
고단함을 소리 없이 삼킵니다

나아진 모습을 보고 기뻐하는 이와
달라진 게 없는 이의 모습은 상반됩니다
그 안에는 행운이란 속성도 담겨 있기에
완벽함이란 추상적인 것이기도 합니다

간혹 누군가의 실수가
완벽에 가까웠던 것일 수도 있기에
작은 흠집, 때가 탄 얼룩, 녹슨 일부···
불투명할지라도 깊이 바라봐야만 합니다

이것이 완벽이란 성질의
가장자리라는 건 몰래 전하는 비밀

소주

표정도 감정도
숨겨야 하는 세상에 지치지만
그 누구에게도 하소연할 수 없을 때

나에게라도 솔직해지고 싶은 마음에
용기를 더해줄 소주를 종종 마신다

쓰고 맛없게만 느껴졌던 것이
삶의 역경과 더해지니
달콤해지는 건 기분 탓일까

뺨이 연분홍빛으로 물들다가
위로 올라와 눈시울마저 건든다

취기를 빌려서라도
편히 잠들고 싶은 밤

몸이 나른해지며
움직이는 천장을 바라보니
아버지가 홀로 약주를 하신 모습이 떠오르며
술의 의미를 깨우쳤던 날

투정 부릴 수 없는 어른은
고독한 자신의 일부조차
온전히 달래줄 방법을 깨달을 수가 없다

이번 생은 처음이기에
방황은 자연스러운 이치다

살아갈 날

다음날 눈을 뜨지 못한다면 어떨까

현실을 자각할 틈도 없이
길을 잃어버린 아이처럼 행동할 것이다

극도로 불안해하며
지난날 못 이룬 것을 갈망할 텐데
오늘 하루를 왜 귀중하게 여기지 않는가

살아갈 날이 더 많다는 걸 장담하나
죽는 날이 뒤늦게 올 거라고 믿나

모두 틀렸다
전등에 부딪히는 하루살이의 애절한 모습은
인간과 다를 바가 없기에
오늘이란 불공평한 대가는 기적이기도 하다

삼 개월

겨울은 잠시 떠날 수 있어도
영원히 이별하지 않는다

잎사귀에 살짝 얼어붙은 서리가
재회를 다짐해서다

열병에 익어가는 여름도 마찬가지
가을에 시들어도 다시 피어난다

청초한 푸른빛이 가시지 않겠다며
상록수와 같은 존재를 남겨서다

삼 개월밖에 안 되는 시절도 이리 사는데
사계에 담긴 우리는 무엇을 하고 있나

급격히 변화하는 온도,
시기에 맞춰 챙겨야 할 약,
외로움을 함께 이겨낼 사람···

스스로 치유할 수 없는 사람은
자연보다 더 부단한 노력이 필요한데
수십 년을 반복하여 이제 알만한데

살고 싶은 하루보다
살아지는 나날에 고통스러워한다

때에 맞춰 돌아오고
질 수 없는 인간의 염원

우린 가라앉아도 될 시기가 없다

시장

강릉 중앙시장은
그리움의 향기로 가득 차 있다

커피 대신 미숫가루를 마시며
무더운 길가를 누비는 아이들

직접 채소와 과일을 바라보며
상인과 가격을 흥정하는 어른의 모습이
잃어버린 추억을 떠올리게 한다

화려하지 않은 녹슨 간판처럼
오늘날의 삶이 후회스럽지 않은 이유

곁에 있던 다섯 명의 친구가
같은 시선으로 서로를 바라보았다는 건
알맞게 살아갔다는 증표로 충분해서

다시 돌아와도 이곳에서의 그리움은
변하지 않고 우릴 기다려 줄 것 같아서

쉼터

내가 살았던 시골에는
'쉼터'란 작은 구멍가게가 있었다

일상에 필요한 물건만 있을 뿐
멋진 장난감은 하나도 없던 곳

이십 분을 넘게 걸어가야 할 거리였지만
매일 같이 들려 주전부리를 사 먹었다

몇 년 뒤, 주위에 마트가 들어서자
방문의 빈도수는 점차 줄었다

이젠 없어져도 모를 만큼
나에게 있어서 중요하지 않게 되었는데
괜히 떠오르는 이유가 무엇일까

필요한 건 없지만 오랜만에 갔을 땐
얼굴을 익히 아는 동네 사람들도 있었다

분명 더 좋은 물건은
다른 곳에도 많을 텐데
우리는 왜 이곳에 다시 모였나

수십 년 동안 동네의 유일한 쉼터였기에
모두가 추억이란 명목으로 발길을 옮겼던 거다

팥 아이스크림을 집고
아주머니와 반갑게 인사한 뒤 나오니
그리웠던 유년 시절로 돌아간 듯했다

소중한 과거가 끝나지 않았다는 위안감,
그대로 남아있길 바란 순간이 여전하여
한결 가벼운 발걸음을 옮긴다

여름, 수박

"아 여름이 왔구나"

동네 과일 가게를 지나가다가
여름의 숲인 수박이 눈에 띄었다

매번 물끄러미 쳐다보기만 했는데
오늘은 줄무늬가 마음에 들어 무심코 샀다

땀에 흠뻑 젖은 채
집으로 가져간 수박을 갈라보니
짙은 붉은 빛이 더위를 식혀주는 듯했다

어릴 적 시골에서 나무 그늘에 앉아
부모님과 함께 오순도순 먹었던 날

친구들과 농촌 봉사를 하며
어르신들과 다 같이 먹었던 때

생각해 보니 혼자서 먹은 적도
스스로 구매한 적도 없는
수박

타지에서 홀로 지내며
옛 고향의 향기가 물씬 그리웠는지
오늘따라 함께하고 싶은 마음이 짙었는지
사진첩을 꺼내 보며 웃는 지금

여름이긴 한데 설레지 않는 계절
가을도 아닌데 더욱 외로운 오늘

내게 수박보다 더 많은 수분이 있었는지
넘칠 듯한 설움이 쏟아진다

달콤한 줄만 알았는데
그리움도 지녀
밉지만, 고마운, 여름, 수박

감성팔이

마음을 헤아리고자 집필한 이야기를
차곡히 한 곳에 모아 도서 한 권을 만들었다

이름 모를 이의 마음과 맞닿아
음성 아닌 문장으로 대화를 나누어
위로하고 싶었던 것뿐이다

용기를 가졌다는 사람들 사이에서
감정을 이용하지 말라는 외침이 들린다

단단한 석류가 갈라지며
붉은 알맹이들이 우수수 나오듯,
낮과 밤 상관없이 일궈온 진심이
작은 움직임에도 터진 날이었다

어설펐던 당시의 내가
알지 못했던 하나의 진실은

책이란 타인에게 쥐어진 순간부터
그들의 마음에 따라 매겨지는 가치였을 뿐,
나의 속상함까지 들킬 순 없다는 것이다

용서

저무는 붉은 노을을 눈에 담아
실핏줄마저 선명해질 만큼 달아올랐을 때

떠오르는 달과 함께
중력을 거스를 만한 눈물을 꺼내볼까 해

그간 쌓인 슬픔을 뒤늦게 덜어내며
미세하게나마 용서를 건넬래

비참할 틈도 없을 만큼
오늘은 나를 위해 안아줄래

게을렀던 위로가 닿기까지
수십 년,

이토록 어설픈 위로도
마냥 좋다고 웃네

온기

나를 사랑한 적이 있는가
타인에게는 따듯한 말과 손길을 뻗어주면서
정작, 스스로 무너졌을 때는 어땠나

입에 담기만 해도 쓴 자책감을 삼키며
식도가 타들어 가는 설움을 마시며
애꿎은 가슴을 세게 두드렸었지

동정심이라도 느껴야 했는데
더 아프지 않게 말려야 했는데
위로에 자격 따위는 없는데

오랜 시간 가혹하게 대했기에
더 이상 나에게는 어떤 말도 들리지 않을 테니
두 다리를 모아 팔로 감싸고 몸을 움츠리네

소리 없이 건네줄 온기의 전부지만
안정감에 취해가며 스르르 눈을 감네

돈

어릴 적 아버지 지갑에서 천 원을 훔쳐
커피 맛 아이스크림을 사 먹었던 적이 있다

어설픈 거짓말로 들킨 도둑질에
가혹하게 혼이 나서 펑펑 울었지만
마음이 약한 어머니마저 고개를 돌리셨다

어린 마음에 말도 하지 않고
숟가락으로 밥을 떠주시는 화해마저 외면했다

세월이 흘러
아버지와 닮은 모습을 지니니
왜 그렇게까지 혼을 내셨는지 알 수 있었다

사랑하는 자식이 먹고 싶다는 것을
사주지 않을 부모가 어디 있겠나

노력의 대가와 인내하는 마음을
차근차근 알려주고 싶었던 건데
고작 몇 푼에 신뢰가 무너지니
얼마나 속이 상했겠나

하물며 자신의 목숨보다
소중하게 여기는 자식에게
쓴 말을 내뱉는 게 얼마나 고된 일이었겠나

이십 년이 지나도 그 순간을 기억하는
아버지의 모습에
외면했던 손과
깊어진 주름을 따듯이 잡아드렸다

촌스러움

충청도 사투리
하얗지 않은 피부
유행이 다 지난 옷
변화에 서툰 모습까지

촌스러운 사람
옛것의 향기를 물씬 풍기며
현대 사회에서 동떨어진 존재

반짝이는 것과 함께 있으면
유독 비교되는 평범함

언제까지 그렇게 살 거냐고 묻지만
웃음으로 넘기는 나날

접힌 종이 단면에 새겨진 주름을
곱게 편다 해도 옅어질 뿐
구겨져도 좋은 일부

때깔은 물러도
삶의 당도는
혀끝이 아릴 만큼 달콤하게

나답게 촌스럽게

이종혁

태어났다
평범한 집안이었다

자랐다
남들과 다르지 않은 환경이었다

주위에 사람은 몇 없었다
워낙 성격이 특이했다

이상했다
나는 틀린 건가

간절했다
다르다고 해줄 순 없나

이해받기를 포기했다
갈구하며 돌아올 미움이 무서웠다

점차 비교가 잦아졌다
타인의 평범함을 탐냈고
나의 부족한 점을 비판했다

어느 순간 삶이 미워졌다
노력해도 안 될 세상이 싫었다

불공평하다
내게도 기회가 있었다면···
하늘에다가 쌍욕을 뱉었다

소용없다
주위에서는 더 이상하게 바라본다

숨었다
밖을 나설 용기가 없다

올라섰다
과거를 청산하고
새롭게 살아보려 했다

괜찮아졌다
모든 게 잘 흘러갔다

다시 무너졌다
힘겹게 일군 것을 빼앗겼다

찌들었다
술과 담배가 몸에 농축되며
앙상해진 뼈만 남았다

주저앉은 몸을 일으켰다
결국 살아야 하니까

점차 간절함이 통했다
노력의 대가가 다가오기 시작했다

드디어 끝났다
오랜 방황은 저물었다

이래도 살 수 있더라
모두에게 사랑받지 못하고
버려진 세월이 길었는데

나 같은 사람의 삶을
인정해 주는 날도 있더라

당신도 그럴 거다
척박한 진흙 속에서 피어나는 연꽃처럼

누군가에게 없어서 안 될 존재

살아갈 날이
더 많다는 불안감

최초 발행일 : 2025년 7월 21일

1쇄 인쇄 : 2025년 7월 07일
1쇄 발행 : 2025년 7월 21일

지은이   이시월
펴낸이   이종혁
그림   이정빈

펴낸 곳   일단
이메일   ildanbook@naver.com
출판등록 2022년 11월 1일 제2024-000020호

ISBN   979-11-992554-9-4(03810)

· 이 책은 저작권법에 따라 보호받는 저작물이므로 무단 전재와 복제를 금지하며, 이 책 내용의 전부 또는 일부를 이용하려면 반드시 저작권자와 '일단'의 서면 동의를 받아야 합니다.

· 잘못 인쇄된 책은 구매하신 서점에서 교환해드립니다.